*Steff Steffân*

# DIE SUFI-SCHULE DER LIEBE

*Steff Steffân*

# DIE SUFI-SCHULE
# DER LIEBE

Verlag Hermann Bauer
Freiburg im Breisgau

Die Deutsche Bibliothek – CIP-Einheitsaufnahme

*Steffân, Steff:*
Die Sufi-Schule der Liebe / Steff Steffân. –
Freiburg im Breisgau : Bauer, 1992
   ISBN 3-7626-0449-5

Mit 15 Zeichnungen von Ingrid Schaar

1992
ISBN 3-7626-0449-5
© 1992 by Verlag Hermann Bauer KG, Freiburg im Breisgau
Alle Rechte vorbehalten
Einband: Atelier Blaues Haus, Sulzburg
Satz- und Bildverarbeitung: G. Scheydecker, Freiburg
Druck und Bindung: Ebner Ulm
Printed in Germany

Dank sei Dem, Der der Dankende ist.
Ohne Seinen Dank
wäre dieser Dank nicht.

»Als der Diskurs zum Thema der Liebe kam,
zerriß das Papier – und die Feder zerbrach.«

Der Sufidichter Rumi

Die Menschen haben sie satt: die Exklusivität ihrer Verstandesneurose, denn die »Vernünftigkeit« hat ihnen nichts denn Bitterkeit erbracht. Ihr Herz blieb bestenfalls »Privatvergnügen«, etwas, das man nicht zeigt, auch wenn man es vielleicht noch »hat«.

Die Sufimethode will etwas ganz anderes: Das Herz wird zum Hauptschau- und Begegnungsplatz. Nur aus dem Herzen entspringt ein verfeinertes Leben, denn nicht der Verstand, sondern das Herz ist für den Sufi der höchste göttliche Schatz. Es ist ein »unentdeckter Kontinent«, den auszuforschen, auszuschöpfen der Menschheit insgesamt eine neue Dimension, einen neuen Horizont der Tiefe zu eröffnen verspricht.

# INHALT

# VORWORT

Mehr als zweieinhalb Jahrtausende bewußt gestaltete Übung des Verstandes ist das Erbe der abendländischen Geschichte, doch jede Übung des Herzens, die eine unbestrittene Krönung der Spezies Mensch bedeuten könnte, fehlt. Der Mensch hat in dieser Entwicklung immer wieder versucht, die »streunende« Seele zu zügeln, zum Beispiel durch Askese, doch das eigentliche »Organ« der Liebesschulung hat er methodisch verfehlt. Er hat sich mit Hilfe von Ethik und Moral sowie religiöser Praxis »gefesselt«, doch die Herzens-Sprache* der Erlösung hat er, abweisend und ignorant, bewußt nicht gelernt. Sein Egoismus steht seinem eigenen Herzen im Wege. Eine Schulung der Herzlichkeit – des »Herzentums« – kam bisher nicht zustande. Die Sprache des Herzens gilt immer noch als verpönt. Der »cardiale Gestus« (der Ausdruck des Herzens) ist insofern niemals zur Kardinalen (zur Hauptausrichtung) des europäischen Geistes geworden. Eben das ist es, was den empfindsamen Menschen von heute ausdauernd und heftig quält, denn allein auf den Verstand gestellt kann der Mensch seine Welt letztlich nur zerstören; es sei denn, er würde als »homo lucens« (als

---

* Die ungewöhnliche Schreibweise »Herzens-Sprache« verwendet der Autor, um in diesem Buch die Aufmerksamkeit des Lesers in einer Art paradoxen orthographischen Intervention immer wieder auf alle möglichen »Herzens-Zusammenhänge« (sic!) zu lenken.

»leuchtender Mensch«) doch noch von seinem eigenen Herzen erhöht.

Zu diesem Zweck ist diese kleine Einführung in ein klassisches Verfahren der Herzensentwicklung geschrieben; in ein Verfahren, neben dem kein anderes, sofern es denn überhaupt ein anderes gibt, was den bewiesenen Erfolg betrifft, bestehen kann. Dieses Verfahren, die Sufi-Schule des Herzens, wurde seit Jahrtausenden (und wird auch heute noch) von Millionen von Menschen angewendet, getestet, geprüft und gelehrt. Kein Wunder, daß selbst Erich Fromm als einer unter vielen die Sufi-Schule der Liebe als Schulungsprogramm zum Erlernen der Kunst der Liebe empfiehlt.

Aus Oberösterreich, im Frühling 1992, wünscht Ihnen Liebesglück:
*Der Autor*

# Ein kleiner Hinweis zur Warnung

Die Übungen dieser Schrift entstammen einer der ältesten geistigen Traditionen. Es handelt sich um Übungen aus einem *gesicherten* Kontext. Dennoch sollte man einen gewissenhaften und keineswegs leichtfertigen Umgang mit den gewählten Übungen pflegen, denn das Herz ist sensibel.

*Allen* klinisch herzkranken und kreislaufschwachen Menschen möchten wir dieses Übungsgut ausdrücklich *nur nach ärztlichen Konsultationen* empfehlen, vor allem, wenn das Herz rhythmisch gestört ist. Dem gesunden Herzen jedoch wird diese kleine Schrift die beste Herzens-*Führung* geben.

# WAS SUFIS WAREN UND SIND

Die Sufis werden schon im Alten Testament in einem Atemzug mit den »Sehern« erwähnt. Sie sind als »Mystiker im Wollgewand« bekannt, die gottestrunken tanzen. Ihr Reden ist häufig poetisch. Ihr geistiger Weg wird von vielen als »Pfad der Liebe« und »Weg der höchsten *Erkennt*nis« bezeichnet. Die Reinigung (ihrer selbst) ist ihr Lebensprinzip. So daß sie letztendlich »Durchschienene« sind – die Stützen der Ethik – vollkommene Menschen.

Für sie ist diese Welt nur »eine Durchgangsstation«. Aus diesem Grunde verschenken sie sich. Und läutern beizeiten ihr Herz ...

# I HERZENS-BEWUSSTSEIN

# Die erste Herzens-Erkenntnis

Werden Sie sich Ihres Herzens gewahr! Das ist der Beginn des Herzens-Weges: zu wissen, *daß* es ein Herz – *Ihr* Herz! – in Ihnen gibt, daß Sie ein Herz »besitzen«.

Ein Herz wird niemals alt. Der Herzens-Mut besteht aus *Frische*. Ein Herz ist im Innersten lebenslang jung.

*»Das wahre Menschenherz ist nicht von dieser Welt. Es ist als Fremdling [nur] zu kurzer Wanderung in diese Welt gekommen.«*

Wie ein Sufi-Meister (Algasel) dazu treffend bemerkt:

*Herzlich* wird, wer sein Herz täglich übt. Sonst überzieht der Rost – entstanden durch mangelnden Gebrauch – diesen kostbaren Muskel der Liebe; das Herz verhärtet sich.

# Die Teile und das Ganze

Ein Mensch ist geteilt sowie zugleich ein Ganzes. Der Mensch ist ein Brennpunkt von Erfahrungen. Wenn es im Menschen außerhalb des Herzens »brennt«, so erfährt sich dieser als getrennt, alles »Brennen« im Herzen erweckt die menschliche Ganzheit.

*Im* Herzen wartet Überfülle, die als Ganzheit das Sein des Menschen umfaßt. Sie ist einem elektrischen »Strom« vergleichbar, der überspringt, wird er bewußt und durch »Zufall« entdeckt. Sie ist einer Sprache vergleichbar, die wortlos, bedeutungslos und ungehemmt »spricht«. Es ist die Sprache der Ganzheit. Sie geschieht, wenn das Ganze zu seinen eigenen Teilen spricht. Sie überflutet jedweden einzelnen Aspekt. Das einzelne »Stück« des Lebens wird stumm. Jede »Rolle« des Menschen verbirgt sich. Die Majestät der Liebe erschrickt! Ein jedes Wehwehchen verliert sich. Der Aufruhr in der Seele flieht. Der Segen verströmt sich – gegen den »Krieg«. Das Herz – die Liebe – blendet mit Licht. Das Abgesonderte, Getrennte ergibt sich.

# PRIVATVERGNÜGEN

Es ist allgemein bekannt, *was* die »privaten Teile« und wofür diese gut sind. Unbekannt ist, welches die »privatesten« sind. Es sind die Seele – und das Herz. Die Seele ist Drangsal – durch Wünsche und Begehren. Im Herzen wirkt *Vergnügen*. Privatvergnügen ist das Herz. Doch der Zutritt scheint »verboten« und »schwer«. Die Frage ist: Wie sehen die »Pforten« aus? Wo sind sie? Wie ist der »Eintritt« geregelt? *Wie* vergnügt man sich im Herzen? Wie ist man *mit* dem Herzen vergnügt? Wie überläßt man sich dem Herzen? Welche Gefahr, welche Ablenkung droht? Wie lenkt man die Ströme des Herzens? Was tut man, wenn der Herzens-Strom wieder einmal versiegt? Wie »konserviert« man die Schätze des Herzens? Wie kommt die Liebe im Herzen in Not?

# ANSTOSS DURCH DEN ATEM

Das Herz, das spricht, folgt dem Anstoß durch den Atem. Der Atem kommt als Flut. Die Sufis nennen dieses Ereignis »Geist« – oder »Ruuch«. Die Öffnung des Herzens bewirkt, daß der Atem den Atmenden erfrischt. Durch erfrischenden Atem wird die Liebe gekühlt. Durch erfrischenden Atem wächst der Liebe Umfassungsvermögen. Denn geballte, schmerzende Liebe tut keineswegs gut.

Hier eine erste kleine Übung für Sie. Sie dient dem Erlernen der Liebe:

Atmen Sie, mit jeweils einem sanften Ruck, dreimal ruckartig stoßweise durch die Nase ein.

Der dritte Teil des Atemzugs muß bis zum Herzen reichen. Lassen Sie ihn lange sein!

Spüren Sie die Grenze und Abwehr – das Bollwerk – Ihres Herzens!

Atmen Sie auf die gleiche Art ein zweites Mal ein. Bringen Sie den Atem näher und näher zum Herzen!

Atmen Sie ein drittes Mal auf die gleiche Weise ein. Nur tun Sie es dieses Mal als »Liebes-Akt«!

Lieben Sie den körperlichen Widerstand! Versuchen Sie, trotz Herzens-Druck sanft und leicht (!) weiterzuatmen. Bis daß Ihr Atem und Ihr Herz in einem vereint werden …

# DIE HERZENS-ENTSCHEIDUNG

Nach Auffassung der Sufis sind im Herzen *alle* göttlichen Berauschungen enthalten. Es ist des Menschen Schatzkammer. Äußere Drogen sind der Sufi-Auffassung zufolge »Rauschmittel für Ignoranten«.

Herzens-Schüler sind in der Tat Aspiranten göttlicher Berauschungen! Sie wollen überflutet werden. In der Liebe zu baden, ist ihr Triumph. Ekstasen sind ihnen Weg-Zehrung. Sie sind bestrebt, im Herzen »schwimmen zu lernen«.

Doch Herzens-Genuß muß man lernen, wie man Geigespielen lernt. Nur selten sind die Autodidakten, die Gott, der göttliche Erhabene, lehrt.

Zuerst: *Ihr Herz muß zum Mittelpunkt Ihres Lebens werden!* Bestehen Sie darauf! Formulieren Sie - schriftlich – Ihre Herzens-Entscheidung.

»Ich, ..., habe mich für den Weg des Herzens entschieden!

Mein Herz ist mir von heute an Festung. Mein Herz ist mein Mittelpunkt.

Mein Verstand wird ab sofort dem Herzen zuarbeitend dienen. Ich setze die Vorherrschaft meines Verstandes bis (wir empfehlen hier mindestens drei mal vierzig Tage) zum ... (Datum) aus!

Ich bin bereit, die Stimme meines Herzens zu hören und gebe mich bewußt dem Ruf meines Herzens hin.

Datum, Ort und Unterschrift:

# Verbindung zum Herzen

Ihr Vertrag mit Ihrem Herzen ist nun perfekt. Ihr Lebensbund mit dem Herzen ist neu entdeckt: Ihr Wunsch, aus der Quelle des Lebens zu leben, nicht weiter aus dem »Stau«, dem »vergifteten Fluß«. Es gilt, den Bund mit dem Herzen zu pflegen: *durch regelmäßige Konsultation.*

Der Sufi neigt sich dem Herzen auf folgende Weise zu:

1. Der Kopf »hängt« zur linken Seite der Brust.
2. Das Ohr »hört« zum schlagenden Herzen hin.
   Wenn es möglich ist, gehört dazu der folgende »Sitz«:
3. a) Die Schultern werden hängengelassen
3. b) Die Beine sind untergeschlagen
3. c) Die Augen sind geschlossen

*Kauern* erweicht selbst das härteste Herz!

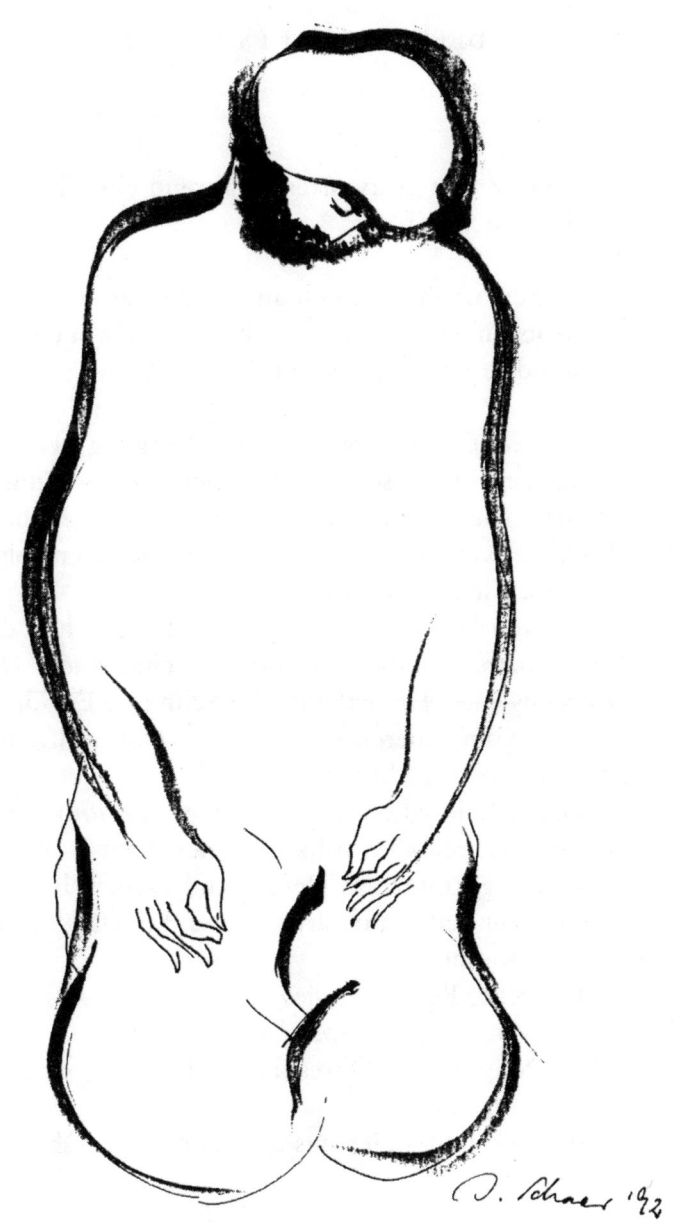

Der Sufi-Sitz des »Herzens-Pakets«

# BEFRAGUNG DES HERZENS

Das Herz gibt Antworten, während Ihr »Ich« kritisch-vorsichtig fragt.

Lehren Sie Ihr Ich, sich an Ihr Herz zu wenden!
Beobachten Sie, wie Ihr Ich erst einmal beim Verstand Rat zu holen sucht.

Ihr *Bewußtsein* von diesem Vorgang bedeutet zunächst einmal schon viel! Seien Sie geduldig bei diesem neuen »Spiel«! Beobachtung ist der halbe Erfolg. Sie werden Ihr automatisches »Ich« im folgenden noch lenken lernen.

Locken Sie Ihr Ich bewußt zum Herzen hin, denn der Prozeß Richtung Verstand ist eingespielt. Doch Achtung hier! Die Falle ist der Schmerz. Es »droht« Gefühl vom inneren Herzen: die »Überwältigung«, die alles Ich verschlingt.

Das Ich jongliert daran vorbei! Es *umgeht* das Herz mit beinahe vollkommener Kunst. Es umschleicht gekonnt das Herz – und dann geht es wie gehabt zur Ratio aufwärts ... und die faßt ungeniert und bestimmt zu.

Die echte Befragung des Herzens bedingt:
1. die feste *bewußte Absicht* dazu;
2. die Neigung des Ohres (auch physisch!) zum Herzen hin;
3. das Hören des Herzens mit dem linken Ohr;

4. die Umwandlung der Herzens-Sprache  (in intel-
   lektuelle, *deutliche* Sprache);
5. die Anerkennung der vermittelten Bedeutung.
   Punktum.

Was diesen letzten Punkt betrifft: Keine Ausreden
zulassen. Die Bedeutung nicht wieder abschwächen
lassen! Die Bedeutung noch einmal überdenken!

# Das Sprechen mit dem Herzen als Lebensprinzip

Die Sprache des Herzens ist einfach und subtil. Alles Komplizierte läuft dem Herzen zuwider. Der Intellekt – verstrickt in Egoismen – ist für den Herzens-Trieb zu lahm.

*Das Herz ist direkt.* Es wählt den kürzesten Weg. Ausreden machen es krank. Es will immer nur – schnurstracks – auf die Liebe zugehen. Die Herzens-Vision ist zugleich Zentrum und Ziel.

Wenn Vernunft und Sinne »Wellen« sind, die für uns »*vor uns versammelt sind*« (so Rumi), so ist die Daseinsart des Herzens ein *Strahl*!

Das Herz macht einfach »Päng«! Und *wir* – lassen uns betroffen treffen – oder nicht.

Der Mensch ist eingeübt, darüber hinwegzusehen. Die Sprache des Herzens ist dicht. Herz heißt »Willkür autonom«. Dichter als Gedicht. Ein Befehl zum Wesentlichen und ein Akt des Auslöschens: Die Meinung, das seelische Streben, der Eigennutz des Ichs können dem Herzen nicht standhalten.

Lernen Sie, die Sprache des Herzens für Ihr gesamtes Leben zu übernehmen. Ihr Leben wird so zur täglichen Überraschung. Ein fortwährender Schöpfungsakt wird dann Ihr tägliches Leben gestalten. Und auch Ihr nächtliches.

Wir werden Ihnen nach und nach die Methode zur Integration dieses (primären) Sprachtriebes vermitteln. Wir werden Sie lehren, sich diesem »Motor« völlig zu ergeben.

# II Justierung des Herzens

# DAS HERZ
## ALS SENDER UND EMPFÄNGER VON LIEBE

Das Herz ist Sender *und* Empfänger zugleich. Sein Sinnes-Nerven-Apparat ist kolossal. Das Herz ist die Lebensbatterie für jeden Menschen. Leben, Tod und Liebe ist das, was das Herz zum anderen Herzen hin ausstrahlt.

*Von Herz zu Herz = Herzlichkeit* – doch auf die »Frequenz« kommt es an, denn diese (drei) Programme interferieren. Sie stören sich beim Senden und Empfangen. Ein ungeübtes Herz wird Taubheit, Dumpfheit, Tod ausstrahlen. Doch die Liebe darunter drängt. Das *Leben* möchte sich *aus*drücken! Es ist wie ein Keim, den die Erde bedeckt. Die Liebe möchte sich entfalten. Doch sie wird vom schwarzen Vorhang der Resignation verdeckt.

Zur Herzens-Sendung bedarf es des Muts, denn Liebe macht uns verletzlich – wir können uns nicht bedecken. Zu lieben heißt zu wagen, den Schmerz der Liebes-Wirren zu ertragen. Lieben heißt ausgeliefert sein, ohne zu klagen. Zu lieben heißt, als Gipfel und Massiv aus den Totengräbern einer Gesellschaft von lebendigen Toten herauszuragen!

Doch jeder Empfänger und Sender muß eingestellt werden. Darum *justieren* Sie die Liebe. Am besten folgendermaßen:

Bemühen Sie sich, die Liebe in Ihrem Herzen zu finden. Sie ist wie ein lokalisierbarer und dennoch flüchtiger innerer Ort.

Versuchen Sie, die Liebe »festzuhalten«. Wenn sie »entkommt«, »ergreifen« sie diese erneut.
Versuchen Sie, ins Innere dieses Liebesfeldes einzudringen. Verkleinern Sie den »Ausschnitt« davon. Und begnügen Sie sich mit dem wenigen.
Die Dauer hierfür: vier Minuten.
Versuchen Sie, Ihr Herz ein zweites Mal zu »zoomen«, bleiben Sie an dem jetzt kleineren Brenn-»Punkt« der Liebe.
Die Dauer hierfür: drei Minuten.

# DER RHYTHMUS DES HERZENS

Das Protoplasma begründet den Rhythmus des Herzens und insgesamt des Menschen.

»Ein«–»Aus«/»Eins« – »Eins« ist der einfachste Rhythmus oder Wechselschlag unseres Herzens.

Ich bitte Sie, Ihren Puls zu fühlen.

Wir werden nun die Resonanz des Herzschlags mit Herz und Zunge üben:

1. Die Lippen sind geschlossen.
2. Die Zunge liegt (oben) unter dem Gaumen.
3. Sie sind auf Ihr Herz konzentriert!
4. Sie summen im Rhythmus des Herzschlags. Präzise und synchron!
5. Ihr Herz summt/vibriert mit.

Diese Übung dauert zehn Minuten.

So intensiviert man diese Übung: im *Doppelschlag-Rhythmus* des Herzens:

1. Lippen-Zungen-Herz-Haltung wie oben.
2. Der Rhythmus ist 1–2–3–4.
3. Bei »1« wird durch die Nase – stimmhaft – ausgeatmet.
4. Bei »2« wird – kurz! – durch die Nase stimmhaft eingeatmet.
5. Bei »3« wird stimmhaft ausgeatmet.
6. Bei »4« wird tief und stimmhaft eingeatmet.

Auf den exakten Rhythmus ist zu achten.

Die Dauer dieser Übung: Täglich regelmäßig 3 oder 7 Minuten.

Die Stimme und das Bewußtsein mit Ihrem Herzen zu synchronisieren, ist der Beginn für Ihren herzstarken Weg. Die Synchronisation von Herz und Verstand ist der Weg zum Wesen des Menschen schlechthin.

# EMPFANG VON HERZLICHKEIT

Allein das reine Herz ist *empfänglich*. Reinheit ist das »A« und »O«. Die Art der Reinigung wird weiter unten (siehe Seite 107) verständlich. Hier geht es um den Reinigungs-*Grad*, denn die Sprache des Herzens und das Begehren der Seelen vermischen sich. Der Verstand mischt sich nur allzu gerne ein. Aus diesem Grund ist *die ausschließliche Konzentration auf das Herz* für den Erfolg der vorgestellten Methode so wesentlich.

Bei Herzens-Konzentrationen tun Sie nichts sonst!

Und nehmen Sie Ihr Herz (zuerst einmal) *als Ihre Geliebte*! Wenn es denn hilft: als *den* Geliebten. *Das* Geliebte. Da auch die Liebe die Liebe *benötigt* ...

Mit dem Herzen sehen lernen – aber auch schmecken, tasten, fühlen, riechen – denken –. Alles zusammen wird zu einem wahren Füllhorn der Liebe. – Bei rechtem Gebrauch.

Denken, fühlen, nehmen Sie wahr: vom Herzen aus!

Trainieren Sie Ihr Herz als einen allumfassenden Sinn!

In jeder neuen Situation, zu Beginn jeder Kommunikation – gehen Sie zuerst zum Herzen!

Probieren Sie es. Studieren Sie es, denn Übung macht auch hier den Meister.

Begreifen Sie alles Erleben als ein – auch – körperliches Symptom! Lernen Sie, den Strom Ihres Erlebens zu lenken.

Erspüren Sie immer wieder Ihr Herz. Und machen Sie es zum Brennpunkt Ihrer Aufmerksamkeit.

Leiten Sie Ihr ›Ich‹ zum Herzen hin.

Machen Sie Ihr Herz – auch für das Ich – zum zentralen Punkt aller seelischen Operationen. Hier eine weitere Übung zur Stärkung der Konzentration auf das Herz:

1. Verschränken Sie die Arme ...
2. oder halten Sie die Arme wie auf der folgenden Abbildung:

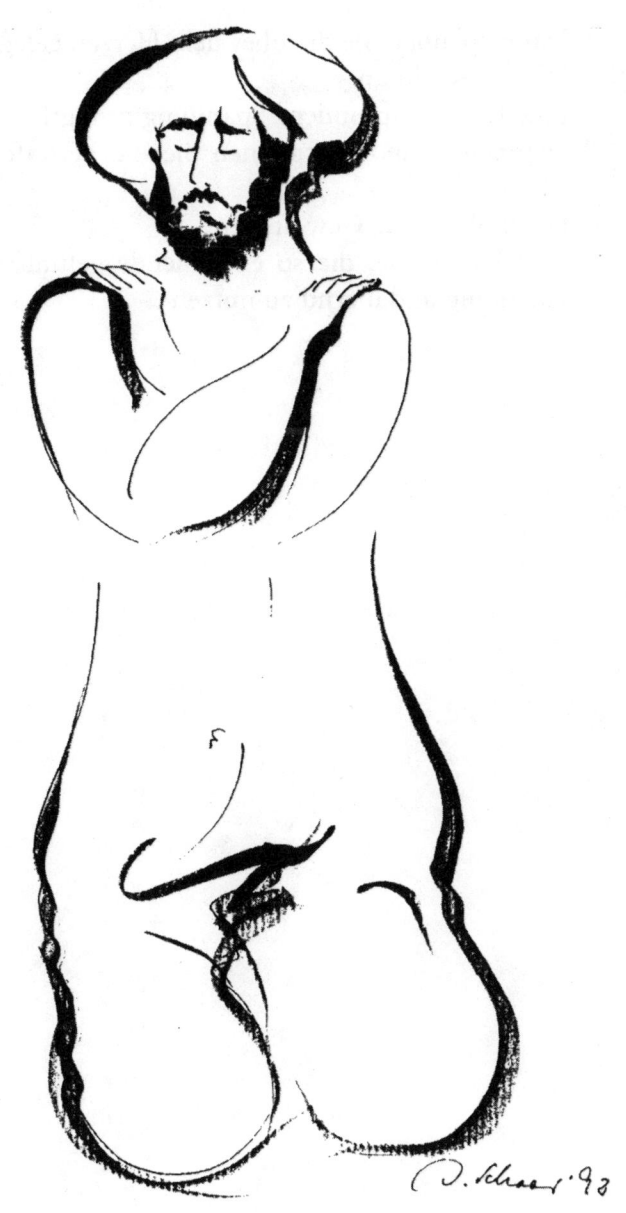

3. Dann spannen Sie die über dem Herzen gelegenen Brustmuskeln an.
4. Eine leicht empfundene Spannung genügt!
5. Spannen – und entspannen Sie die betreffenden Muskeln.
6. Doch ohne jede Gewalt!
7. Und lernen Sie, die so entstehende gefühlsreiche Spannung andauernd zu nutzen ...

# Das Auge des Herzens

Das Geheimnis des Herzens ist reines Sein, ist *Existenz pur*. Die Verdichtung der Liebe oder auch die »Kulmimierung der Freuden«, wie es ein Sufi-Lehrer formuliert hat.

Algasel und Augustinus sahen durchs Auge des Herzens den »Herrn«. Herz heißt: neues Sehen lernen. Schauen mit dem Leben selbst, mit jedem Sinn die Herzens-Verbindung zu pflegen. Das vibrierende Herz zu erregen. Die Einheit der Menschheit zu segnen.

Differenzierung ist dem Herzen tabu. Das Herz macht aus allen Schattierungen *eins*. Das Herz deckt alle Vielheit zu.

Es sagte der »Sultan des Herzens« (Rumi) dazu:

»Wie ein Stern durch Sonnenschein verloren geht … und ihm nicht Ort, nicht Spur auf allen Milchstraßen verbleibt, so werden auch alle Sinne und Reden im Licht des Königs-Wissens ausgelöscht!«

# Die rechte Einstellung zum Herzen

Der Moment kurz *vor* der Trauer, der Augenblick *vor* dem Schmerz – das sind die rechten Momente des Herzens, denn die Freude liegt kurz *vor* der Trauer, die Ekstase kurz *vor* dem Schmerz.

Die Kunst ist, in diesen Momenten zu verweilen, das Maß zu halten; nicht überzuborden.

Das »Maß« ist: den ersten Impuls des Herzens wahrzunehmen und darin zu bleiben. *Nicht*, dieses zu quälen.

Bei der *geringsten* Reaktion, beim kleinsten Impuls des Herzens: HALT!

Und dann das Ausschöpfen dieser »Winzigkeit« lernen.

Der »Tropfen« wird auf diese Art zum »Meer«. Den Herzens-»Ozean« kann nur der kleinste »Tropfen« erzeugen. Das ist die königliche Art, denn das Herz ist das schier *Unbegreifliche*, dessen kleinster Genuß bereits überwältigt.

Grobheit nützt der Herzens-Arbeit nicht.

Sublime Kunst ist rechte Herzens-Arbeit, und der Taumel ist die Folge von einem ersten wahren Herzens-»Kuß«.

# Essenzen zum Wohle des Herzens

Zur Förderung der Empfänglichkeit des Herzens gehört, Parfüme oder Essenzen auf die Stelle des Herzens zu geben. Ein leichtes Einreiben über dem Herzen genügt.

Amber, Moschus, Jasmin, Veilchen, Sandel und vor allem die *Rose* sind als Herzens-Öle gut. Von großer Bedeutung jedoch ist dabei: nur *garantiert* natürliche Essenzen zu nehmen, denn die Liebe der Natur stimuliert auch die Liebe des Herzens.

# Die rechte Fährtensuche

Ein jedes Herz folgt einer Fährte, einer Spur. Sie ist des Menschen Mitgefühl. Allein auf dieser »Spur« wird Herzens-Wirken spürbar. Mitgefühl bedeutet: mit *anderen* Wesen zu fühlen. Wahres Mitgefühl heißt fühlen mit sich selbst, denn

> *»zu lieben heißt, vor*
> *dem Geliebten zu stehen.«*

So hat es ein Sufi namens Hallaj formuliert. Ein anderer (der Sufi Rumi) kommentiert:

> *»sein ›Ich‹ vor dem* Einen *verbrennen!«*

Der »Geliebte« (»Eine«) ist das Selbst.

Zu lieben bedeutet demnach: sich selbst vor sich selbst zu bekennen. Und eben das macht ohnmächtig. Wer dieser Spur folgt, vergeht. Er sieht sich selbst als *ärmlich*. Auch wenn er noch so rühmlich wirkt.

*Abgrenzung* dagegen verschließt das menschliche Herz, Egoismus macht es »tot«. Darum suche das Mitgefühl, wenn zum Herzen es dich drängt, denn im Mitgefühl findet man die ansonsten verborgene *Öffnung* im Herzen.

Wenn es auch absonderlich klingen mag: Immer,

wenn Sie einen Menschen sehen, sprechen Sie (inner-
lich) diesen Satz zu sich selbst:

»Dort stehe, sitze, gehe – und handle –
*ich selbst*!«

# DAS ZIEL DES EMPFANGENS UND SENDENS VON LIEBE

Die Herzens-Arbeit fällt dem schwer, der allzusehr an Äußerlichkeiten hängt, denn die Liebe ist wie das *Schwimmen in einem Fluß*. Die Ufer müssen dem Schwimmenden weichen.

> Zu lieben bedeutet, daß der Liebende alle Formen verläßt.
> Zu lieben bedeutet, daß der Liebende sein »Ich« hinter sich läßt. Dessen »Gewicht« ließe ihn in der Liebe »versinken«, denn das »Ich« ist ein »Kann«. Und die Liebe ein »Muß«.
> *Das Ich zu halten und zugleich zu lieben, ist unmöglich!*

Vom Sufi Sidi Ali' al-Jamal aus Fez haben wir den folgenden Hinweis erhalten:

> »Sage nicht: ›Ich bin nichts‹.
> Sage nicht: ›Ich bin etwas!‹
> Sage nicht: ›Das geht mich etwas an!‹
> Sage nicht: ›Das geht mich nichts an!‹
> Sage [einfach]: ›Gott‹ Und du siehst Wunder!«

Dieses Unaussprechliche der Liebe *ist* Gott! Die Liebe selbst – wie auch der Liebende.

Nicht so sehr die Frage, *wen* du denn liebst, ist für

dich so groß und übermächtig, sondern, *wer* denn da (das Lieben in dir) liebt. Das allein macht dich so ohnmächtig!

# DIE LASTEN ABWERFEN

Ohne Freiheit zu lieben ist unmöglich. Gebundene Liebe gibt es nicht. Den es zur Liebe drängt, muß Bindungen aufgeben. Ansonsten hält die Welt ihn fest.

Listen Sie auf: Woran sind Sie gebunden?
Lösen Sie, so weit es irgend geht, alle (zumindest überflüssigen) Bindungen auf!

Das Herz benötigt keine tausend Zügel, die es als unbewegliches Objekt »vertauen«.

»Sach«-Zwang mag ein Menschenherz nicht.
»Zeit-Not« belebt ein totes Herz nicht.
*Geben Sie dem Herzen Zeit!*
Machen Sie den Raum seiner Beweglichkeit groß, denn es brennt darauf, Eroberungen zu machen. Es schüttet seine – unendliche – Liebe nur allzu freiwillig und bedingungslos aus.

Doch Sie halten es mit Bedingungen in einem »Käfig«. Sie nennen es »meinen Beruf«, »die Karriere«, »mein Haus«. Wir raten Ihnen: Entfernen Sie die Gitterstäbe dieses Luxus-Gefängnisses um *Ihres* Herzens willen, denn allein Ihr Herz führt Sie auf Ihren *erfolgreichsten* Weg.

# III DER KÖRPER UND DAS HERZ

# EIN KLEINER KLUMPEN FLEISCH IM KÖRPER

*»Wohlan, gibt es einen kleinen Klumpen Fleisch*
*im Körper. Ist dieser gesund, ist der Körper*
*als ganzer gesund. Wohlan, ist dieses kleine*
*Stück das Herz.«*

Die Sufi-Weisheit besagt, daß das Herz für die Gesundheit des Körpers als *ganzem* verantwortlich ist.
Die Herzens-Pflege steht konsequent im Mittelpunkt
ihrer Methode. So werden die Sufis auch *»Jene, die*
*Herzen haben«* genannt.

Herzweh ist Körperweh. Und umgekehrt.

Reizbarkeit zum Beispiel ist Herzens-Abwehr.
Und Herzens-Abkehr! Das Herz des Menschen ist
dann bedeckt. Die Reizbarkeit vergeht, wenn Herzlichkeit eröffnet wird.

Das Herz ist das Zentrum des Körpers, das diesen
königlich regiert. Beide befinden sich in einem
Wechselspiel, das wechselseitige Achtung benötigt.

# DIE RECHTE HALTUNG IM SCHLAF

Drei Haltungen sind es, die ein Sufi, ein Derwisch im Schlaf bevorzugt:

1. Das Schlafen auf dem Rücken
2. Das Schlafen auf der linken Seite
3. Das Schlafen auf der rechten Seite.

Das Schlafen auf dem *Bauch* ist für jeden Sufi *tabu*.

Die Hingabe wird (im Schlaf) auf dem Rücken geübt. Doch am besten wird das Herz auf der rechten Seite liegend tätig.

Beide Seiten des Herzens sind so nach oben und vorn hin *offen*. Das Herz wirkt unbeschwert. Im weitesten Raume vermag es zu pochen.

# Der rechte Sitz für Meditationen

Der Derwisch neigt den Kopf zum Herzen (siehe auch die Seite 58).

Er sitzt auf dem Boden auf.

Ein Sitzen im »Schneider-Sitz« ist möglich.

Besser ist es, zwischen den Füßen zu sitzen, wie die Abbildung auf Seite 56 zeigt.

Auf den Fersen zu sitzen ist ausgeschlossen, da das Herz so zugeschnürt wird.

Der Sufi und Derwisch ist kauernd geneigt.

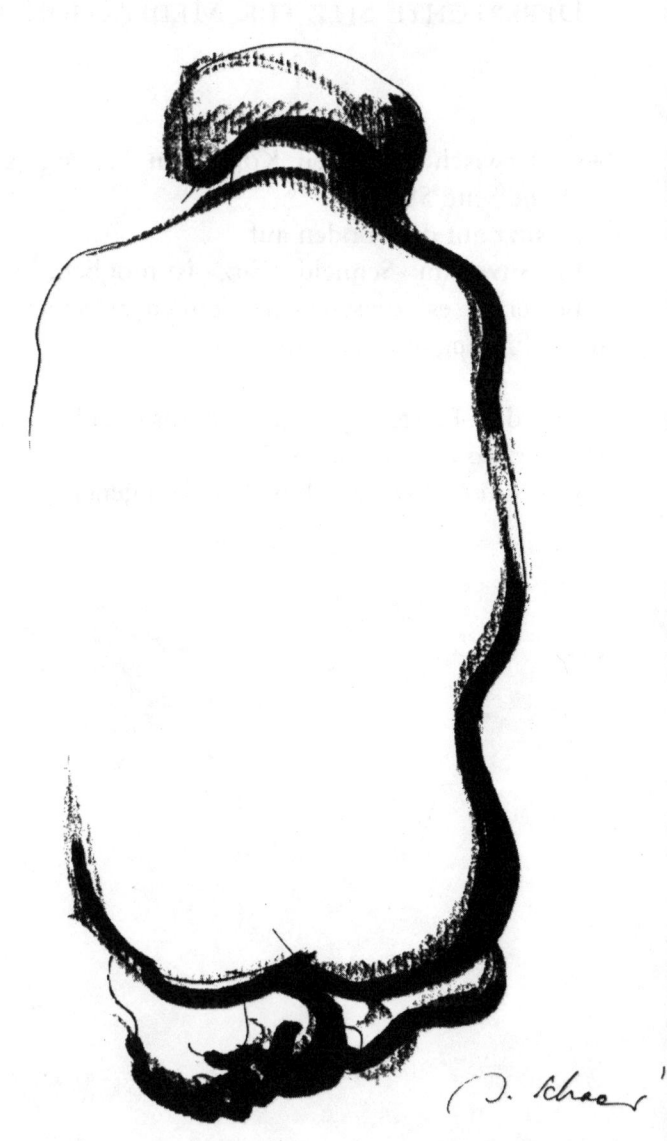

# DIE FINGERHALTUNG DER LIEBE

Wer hartherzig ist, dem sei diese Hand- und Finger-
haltung empfohlen:

1. Die Zeigefinger liegen – ganz leicht und angewin-
   kelt – auf den Häuten zwischen Zeigefinger und
   Daumen:

2. Die übrigen Finger liegen *federleicht* den beiden
   Handballen auf.

Die richtige Haltung muß man (dem Kopf-Kissen-
Wenden vergleichbar) das eine und andere Mal
üben.

# DER RECHTE GANG EINES SUFIS

Der Sufi neigt den Kopf zur linken (Herzens-)Seite hin, auch während er geht. Wobei die Neigung des Kopfes nur *leicht angedeutet* ist.

Bescheidenheit und Einfachheit sind ihm auch unterwegs vertraute Tugenden.

Ein jeder Schritt ist Liebes-Tun!

Bewegungen sind einem Sufi wie Belohnungen durch die Liebe.

Zu gehen bedeutet sich hingeben.

Damit ist nicht Jogging oder ähnliches gemeint, sondern Zu-fälligkeit und Hin-fälligkeit an die Natur sind die *sufische* Kunst des Sufis.

Der Sufi bettet sich in die Natur ein. Er gibt sich seinem Nichtigsein hin.

# DIE BESTE PFLEGE FÜR DIE ZUNGE

Für jede Herzens-Arbeit gilt:

Die Lippen sind geschlossen.
Die Zunge »liegt« unter dem Gaumen.
Sie schmiegt sich an die Schneidezähne.
Der Meditierende/Herzens-Arbeiter bemüht sich,
die eigene Zunge zu »schmecken«.
Was soviel heißt, wie die eigene Zunge zu lieben.

Wer haßt, streckt seine Beine weit von sich und bedeckt auf diese Art die Seele. Wer liebt, macht seine
Beine »krumm«. Er schlägt sie unter und verbirgt sie
bei sich. Er hält sie, absichtsvoll, bei sich. Um nicht
verdrossen, behäbig und selbstvergessen lässig auf
andere zu weisen, denn (auch) die Knie sind *subtile*
*Organe der Liebe*, um die der Sufi-Aspirant sich
*wohlweislich* kümmert ...

# DER LIEBESWEG DER AUGENLIDER

Der Sufi hält die Augenlider – weitgehend – nieder.
Dafür gibt es drei Gründe:

Der Sufi meidet die Schäbigkeiten der Welt.
Die Schönheit der Welt schwächt ihn durch Über-
wältigung zu sehr.
Der Sufi-Aspirant vermeidet der Seele Lust und
Begehren.

# DIE BESTEN HERZENS-FINDER

Von seinen Sinnen erfährt der Mensch mittels der *Augen* das meiste, sowohl außen als auch *innen*.

Der Sufi hält die Augen zurück.
Sie werden leicht nach Innen »genommen«.
Die fühlbare Verbindung von Herz und (linkem) Auge wird geübt.

*Versuchen Sie, mit dem (linken) Auge ins Herz zu schauen. Jeweils 1/2 bis 1 Minute genügt.*

# Der klarste Herzens-Spiegel

Als Spiegel jedes Herzens kann das Gesicht nicht täuschen. Der Zustand des Herzens wird dort »gelesen«. Verschlossenheit wie Offenheit drücken sich dort aus.

Der Liebes-Große, Rumi, sagte:

*»Jedermann ist unter seiner Zunge verborgen.«*

Er meinte damit des einzelnen Seele.

Das Herz spricht sich im Gesichts-Ausdruck aus.

Zur Entfaltung des Gesichts und zur Entkrampfung des Herzens geben wir hier diese kleine Empfehlung:

Streichen Sie mit beiden, leicht ausgestreckten Händen über Ihr Gesicht – von oben nach unten und von innen nach außen – so oft es nur geht. Mit den Fingerkuppen der beiden Mittel-Finger

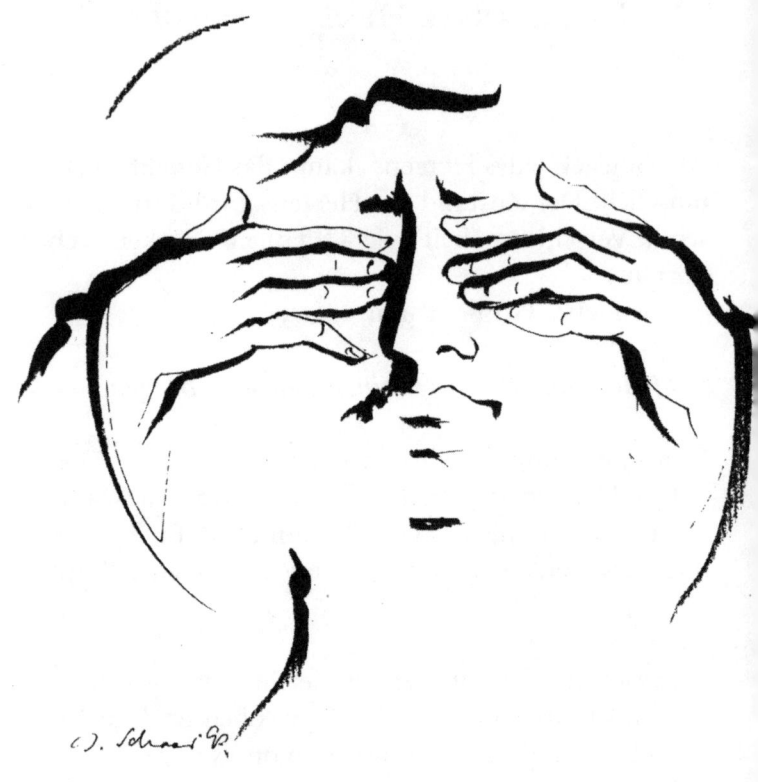

streichen Sie dabei sanft aber spürbar jeweils von
der Mitte aus über beide geschlossene Augen.


Atmen Sie derweil durch die Nase tief ein!

# DAS ZÄHLEN MIT DEN FINGERN

So manche Sufi-Übung verlangt eine Perlenkette zum Zählen (siehe auch weiter unten). Die Handhabung dieser Kette verschließt oder öffnet die Herzen, je nachdem.

1. Die Kette wird zwischen Daumen und Mittelfinger der rechten Hand gehalten.
2. Der Zeigefinger »zieht« die Perlen.
3. Das Schieben beziehungsweise Ziehen mit dem Daumen ist strengstens verboten (es entsteht Druck auf dem Herzen).

# DIE BESTE ENTLASTUNG DES HERZENS

»Füße hoch!«, so empfiehlt es der Arzt zur Ent-
lastung des Herzens. Der Sufi beugt den Kopf nach
unten.

Die *Niederwerfung* wird systematisch gepflegt.

Das Herz »hängt« schräg nach unten.

Die Blutzirkulation kommt in Schwung.

So leicht ist es, sich niederzuwerfen:

1. Sie stehen erst einmal gerade.
2. Die Füße sind schulterbreit und leicht nach außen
   gewinkelt.
3. Sie lassen sich jetzt langsam fallen.
4. Sie federn sich mit beiden Knien und beiden Händen zugleich ab.
5. Ihre Hände kommen parallel zu den Ohren zu liegen.
6. Jetzt legen Sie die Stirn und die Nase auf den –ge-
   polsterten – Boden.
7. Sie bleiben so etwa 1 bis 2 Minuten liegen.

Damit können Sie jederzeit Ihr Herz entlasten.

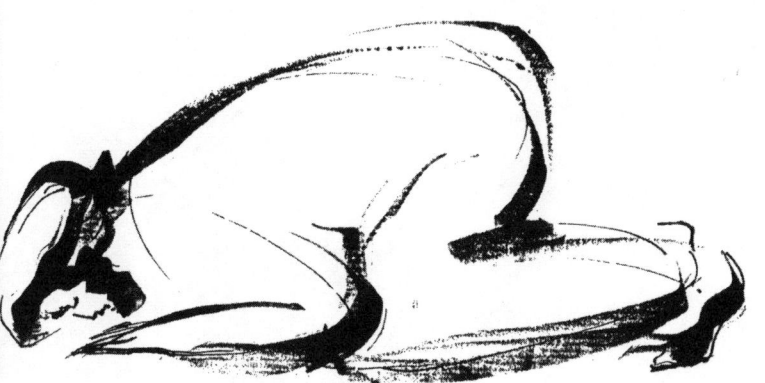

# IV Die rechte Nahrung für das Herz

# KRANKHEIT AUF DEM WEG ZUM HERZEN

Auch wer mit dem Herzen arbeitet, ist keineswegs gegen Krankheit gefeit. Durch die Arbeit mit dem Herzen können sich gar reinigende Krankheiten ergeben, denn auch die Herzensgüte, die sich durch den Kontakt mit dem Herzen ergibt, hat ihren Preis. Die »Herzens-Krankheiten« sind:

Die Unfähigkeit, sich zu konzentrieren
Angst vor Versagen
Vergeßlichkeit
Freude / Ärger / Depression und
    übertriebene Emotion
Kopfschmerzen
Erbrechen
Durchfall
Übelkeit
starke Gereiztheit
Hautausschlag
Migräne
(zitiert aus: Hakim: *Die Heilkunst der Sufis*. Verlag Hermann Bauer, Freiburg, 1984).

All diese Krankheiten können als Krisen bei der Herzens-Heilung auftreten. Sie sind Ventile der Selbstheilung. Deshalb gibt es keinen Grund zum Klagen!

# Das Herz isst mit

Die Sufi-Lehre besagt, daß nur der Herzens-Appetit den Nährwert der Nahrung bestimmt. Es heißt: *»Der Bruder ißt vom Appetit seines Bruders.«*

Was besagen will, daß nur durch Herzlichkeit und Gemeinsamkeit beim Essen die Nahrungsaufnahme auch geistige Dimensionen gewinnt. Die *ganze* Stimmung wird erhöht. Darum die folgenden sufischen Regeln:

1. Alleine zu essen ist (geistig gesehen) verboten.
2. Zu zweit zu essen ist verpönt.
3. Beim gemeinsamen Mahl von mindestens dreien *»essen die Engel mit«*.
4. Es wird immer gemeinsam von einem (großen) Teller gegessen, wobei jeder am Tellerrand beginnt und erst zum Schluß zur Mitte gelangt.
5. Es ist keine Selbstbedienung gestattet. Mit ganzem Herzen ißt nur der, den man mit Herzlichkeit bedient.

# Die Schuhe ablegen

Als Regel – zur Herzens-Entfaltung bei Tische – gilt,

die Schuhe vorher abzulegen!

Formalität beim Essen stört. Wer aufpassen muß, dessen Genuß ist gestört. Es gilt auch die Regel (wenn es möglich ist),

das Essen auf einem ausgebreiteten Tischtuch auf dem Boden einzunehmen.

Der Kontakt zum Boden fördert die Sicherheit, denn es ist überaus wichtig, daß keinerlei künstliche Distanz (durch Tische und Stühle) entsteht. Auf alles, was die Einfachheit und Verbundenheit beeinträchtigen *könnte*, verzichtet der Sufi.

# Der umgekehrte Löffel

Wenn man – als Derwisch und Sufi – Instrumente zum Essen benützt, dann vorzugsweise den *Löffel*.

Gabel und Messen sind (weil spitz und mit scharfer Schneide) verpönt.
Der Löffel wird verkehrt herum (mit der Rundung nach oben) auf das Tischtuch gelegt.
Dies ist ein symbolischer Akt, der ausdrücken will:
Die Fehler der Brüder und Schwestern bei Tisch zu bedecken.

Außerdem symbolisiert dieser Akt die Aufforderung, bei Tisch nur wenig und Gutes zu reden; ansonsten zu schweigen.

# Der herzens-Spruch zum Essen

Jedes Essen bedeutet Segen, wenn man unter Segen das Stillen des Hungers sowie das Vorhandensein von Nahrung versteht.

Das Essen zu *segnen* bedeutet dagegen, über die Bedürfnisse des Körpers sowie die Gier der Seele hinaus die Konzentration des Herzens auf die nährenden Gaben zu richten. Aus diesem Grunde segnet der Sufi-Aspirant oder der Sufi seine Mahlzeiten auch, denn Segnen ist ein Ausdruck der *Liebe*. Er »bedient« sich dafür des Gebets, indem er sich an den Schöpfer dieser für ihn bereiteten Gaben der Natur wendet. Er anerkennt die Einheit des Lebens.

# Das Essen mit den Fingern

Der Sufi ißt mit denselben Fingern, mit denen er – in seiner Gott-Erinnerung – die Perlen seiner Perlenkette schiebt und zählt.

Es sind: der rechte Daumen sowie Mittel- und Zeigefinger der rechten Hand:

Der rechte Zeigefinger führt direkt zum Herzen.
Das Herz wird durch diesen Finger stimuliert.
Die Hände sind vorher zu waschen.
Der Mund ist (einfach) auszuspülen, was eine symbolische Reinigung ist.
Auch wenn man Gabel, Messer oder den Löffel benutzt:
Fleisch wird *immer* mit den Händen gegessen. Das führt zu einem größeren Appetit. Denn:
Auch Herzlichkeit im Essen erfrischt!

# DIE HÖFLICHKEIT ZUR MITTE HIN

*»Die Mitte ist des Herzens Sieg,
da es auch selber nicht am Rande liegt.«*

Das ist ein Sufi-Aphorismus, der auf das gemein-
same Mahl angewandt wird.

Zur Mitte der gemeinsamen Tafel (zum Beispiel
Reis- und Fleischtafel) hin zeigt sich die Höflichkeit
und umgekehrt die Unbeherrschtheit oder Gier des
einzelnen.

Der Herzensstärkere ist der, der dem anderen die
in der Mitte des Mahls versammelten Leckerbissen überläßt.

Der Sufi oder Sufi-Aspirant nimmt von jedem an-
gebotenen Mahl
a) immer nur das kleinste oder
b) das unmittelbar vor ihm liegende Stück.
Die Regel gilt:
*Keine Aus-Wahl!* Nehmen, was »kommt«. Mit
jedem Angebot zufrieden sein.

# DER ENTSCHEIDENDE PUNKT
## BEIM ESSEN-EINNEHMEN

Die Frage ist: Warum essen wir? Das ist des Essens Ausgangspunkt. Wollen wir:

dem Körper entsprechen?
die Gier der Seele verstärken?
die Depressionen bekämpfen?
uns fit machen für weiteren Betrug?

Oder aber das Herz für weiteren Gottesdienst stärken? Für den Weg zur Wirklichkeit, zur Göttlichkeit hin?

Die Antwort für den Sufi ist:

1. Zuerst ist Essen *Medizin*. Es wird als solche zu sich genommen.
2. Als nächstes dient es dem Herzen.

Diese Absicht wird vor dem Essen in Gebets-Meditationsform erklärt.

Das Mahl soll nur dem EINEN dienen.

# Die sufische Einleitungs-Formel

*»Im Namen Gottes (der Wirklichkeit), des*
*Gnädigen, des Allerbarmers«,*

so lautet die sufische Einleitungs-Formel, mit der
der Sufi oder Sufi-Aspirant alles Handeln – und Denken – beginnt.

In arabischer Sprache:

*»Bismillah ir-rachmân ir-rachiem«*

(Der letzte Vokal wird jeweils betont!)

Es ist ein Satz in einer heiligen Sprache, deren Worte
– letzten Endes – unübersetzbar sind.

Die Herzens-Einsicht verlangt, daß *jedes* Essen
mit dieser Einleitungs-Formel beginnt.

Alles Tun soll allein der Göttlichkeit und dem
göttlichen Wirken des Menschen nützen und zugute
kommen.

Andernfalls ißt die Negativität (der satanische Impuls) im Essenden mit.

# ALLES GEBEN

*Was* aufgetischt wird, das wird allein vom Herzen bestimmt. Die sufische Regel besagt:

1. Alles, was der Haushalt hergibt.
2. Das Beste, was es im Haushalt gibt.

Einreden des Ichs (»Ich muß noch etwas für die Familie zurückhalten ...«/»Man darf nicht alles auf einmal vergeuden ...«) werden systematisch überhört!

Der Gast ist – im hohen Sinne – »König«, und dieser wird *uneingeschränkt* mit vollen Händen geehrt, denn nur so ist das Herz des Gastgebers vor dessen eigenen Dünkeln und Zweifeln zu retten.

## Was wird gegessen?

Die Frage ist: Welche Nahrungsmittel sind für das Herz am besten?

Hier gelten folgende Empfehlungen:

1. Gegen Herzens-Schwäche:
   Bitterorangen, Zitronen (zehn Minuten nach dem Essen zu sich nehmen!), Äpfel, Pistazien mit Eidotter zusammen gegessen, Melonen.
2. Gegen Herz-Druck:
   Granatapfel (es heißt: »*Wer einen Granatapfel ißt, dessen Herz wird sich für vierzig Tage erleichtern*«), Quitten (es heißt: »*Quitten zu essen, macht das Herz von Schwangeren froh*«).
3. Gegen Herzklopfen:
   einen Granatapfel essen.
4. Bei Herz-Überhitzung:
   Milch trinken.
5. Bei Herzens-Verhärtung
   Linsen, Datteln, *weniger* Fleisch und insgesamt *weniger* essen!

Gut tun dem Herzen auch: Basilikum, Fenchel, Honig und Datteln.

# DAS ESSEN AUSTEILEN

Zur Nahrung der Gäste gehört (natürlich im übertragenen Sinne) vor allem auch: der *Gastgeber*. Die Liebe des Gastgebers gestaltet den ganzen Essensablauf.

Er kocht mit Liebe.
Er trägt – ganz liebevoll – die Mahlzeit auf.
Er teilt (bei nicht gemeinschaftlicher Schüssel) dienend wie liebend das nährende Mahl aus.

Im Sufitum ist alles das ein Almosen-Geben.

Ist der Kreis der Gäste zu groß, dann wird das Essen im Kreise links herum (entgegen dem Uhrzeigersinn!) ausgeteilt.

Den neben einem sitzenden Brüdern und Schwestern herzhaft und herzlich Leckerbissen in den Mund zu stecken, ist nach Herzens-Belieben erlaubt. Es darf gefüttert werden!

Vor allem Süßigkeiten werden solcherart sehr gerne verteilt.

# Die Fastenpflicht als beste Herzens-Medizin

Dem Herzen förderliche Nahrung zu essen ist gut. Doch das allein genügt nicht, um den Widerstand des Herzens (zum Meer der Liebe hin) zu brechen.

*Regelmäßiges Fasten tut not.*

Das ermöglicht nämlich, die Schwäche der Seele und des Körpers zu »schmecken«, denn eine ständige Verfügbarkeit (über Lebensmittel, Ablenkung und Luxus) läßt die Stimme des Herzens verstummen – und macht sie »tot«.

Fasten erleichtert es, die Mauern der Überheblichkeit, der Arroganz, des Stolzes – der Einbildung – einzureißen. Das Eigentliche, Primäre kommt wieder zum Vorschein. Die Nähe zu sich selbst wird neu »in Kauf genommen«. Die Selbsthingabe wagt sich aus ihrer »gepanzerten« Scheu hervor.

Fasten-Dienst ist Herzens-Erweiterung und fördert die Vertrautheit mit dem Herzen.

»Wenig Essen, wenig Schlaf, und wenig Reden« –
das gilt im Herzens-System der Sufis als wesentlich.
Wovon die Sufis (auf dem spirituellen Weg) fasten:

1. Vom Essen
2. Vom Trinken
3. Vom Speichelschlucken
4. Vom sexuellen Verkehr
   (Küssen allerdings ist erlaubt)
5. Vom (ausgiebigen) Baden
6. Von harschen, negativen Worten
7. Von schlechten Gefühlen
8. Von schlechten Gedanken
9. Wenn möglich: von sich selbst

Die Punkte 1, 2, 3, 4 sind obligatorisch. Die anderen: wenn man kann.

Zu welchen Zeiten sie fasten:

1. Im Fastenmonat Ramadan
   Für Anfänger gilt: Gefastet wird von Sonnenaufgang bis Sonnenuntergang, höchstens jedoch zwölf Stunden am Tag.
2. An Montagen und Donnerstagen
   Dieser Brauch wird mehr von Fortgeschrittenen gepflegt.
3. Jeweils am 13., 14. und 15. Tag des Mondzyklus. Das heißt um den Tag des Vollmonds herum.

Diese Fastentage sind vor allem für gefühlsintensive Menschen zu empfehlen.

Wie die Sufis ihre Fasten-Tage brechen:

Nach dem Sonnenuntergang (die Uhrzeit ist der Tageszeitung zu entnehmen) wird

1. Ein kleines Gläschen mit
   Wasser oder
   Milch oder
   Wasser mit Milch oder auch
   Tee
   zu sich genommen.
2. Dazu ißt man
   ein oder zwei Datteln,
   ein paar Mandeln
   oder ein kleines Gebäck
   oder sonst etwas Kleines.

Dann folgt ein Gebet. Erst dann nimmt man ein größeres Mahl zu sich.

# DAS HERZ ZUM LACHEN ANREGEN

Eine Ausnahme vom Sufi-Prinzip, auf Rauschmittel zu verzichten, bildet für alle, die sich mit Herzens-Angelegenheiten beschäftigen, folgender kleine Hinweis auf eine herzensbelebende »Droge«. Es geht um *den rotgoldenen Safran.*

Frische Safran-Fädchen, langsam im Munde zerkaut, vollbringen Herzens-Wunder!

Doch hier eine Warnung:

*Niemals mehr als zwei Gramm!*

an einem Tag einnehmen, denn das würde zu einem unaufhörlichen Lachen führen. Das Herz wäre zu sehr erregt.

Doch jedes halbe Gramm wird Ihrem Herzen Freude geben ... eine wahre Medizin der Herzens-Freude für den Alltag.

# Dank-Sagen

Das Dank-Sagen gehört zu jedem Herzens-Mahl dazu. Dank-Sagen heißt: die Nahrung als gottgeschaffen zu erkennen. Und: »*die* (genährten) *Menschen als Gottes Familie*« (so Rumi) anzuerkennen. Zumal, da für »*Segen Dank zu sagen den Segen vermehrt*«.

Aus diesem tiefen See der Weisheit nähren sich die wissenden Menschen. Wie anders doch diese gute Lebens-Art ist als die, über diesen großen Nutzen leichtfertig hinwegzurennen, denn auch das Herz, das Gemüt, »verdaut«. Und der Dank verschafft diesem Wonnegefühle …

# V  DIE BESTE HERZENS-KLEIDUNG

# Die Wolle im Sufitum

*Sufi* stammt (vielleicht) von »*suf*« – und das heißt »*Wolle*«. Die Sufi-Lehre besagt: Die Propheten und Weisen haben »Wolle getragen«. Ein Sufi liebt und trägt gerne Wolle. Das Wollgewand ist ihm Symbol, denn das Schaf, vom dem die Wolle stammt, ist

genügsam,
mit wenig Raum zufrieden,
hingabefähig,
gesellig,
geduldig.

Und das sind Eigenschaften, die der Sufi sich »anzieht«.

Dazu kommt: Wolle schützt gegen Hitze wie auch Kälte am besten. Und sie entwölkt das Herz! Und noch etwas Wichtiges: Sie isoliert nicht wie andere Stoffe (zum Beispiel Seide) den Menschen vom Menschen.

Aus diesen Gründen wird die Wolle von den Derwischen und Sufis als Kleidungsstoff bevorzugt.

# Der Grund der Bedeckung

Das Unsichtbare gilt viel für den Sufi. Auch das Subtile bedeutet ihm viel.

*Unsichtbar* ist zum Beispiel, wie Neid und Eifersucht von einer Person zu einer anderen »schießt«. Zu den *feinstofflichen* Wegen gehört, wie die Aura den Körper des Menschen »umspielt«.

In beiden Dingen weiß der Sufi sich zu schützen: sowohl die eigene Aura als auch sich selbst, wenn negative Gefühle von einem anderen Menschen auf ihn eindringen.

Das ist der Grund, warum ein Sufi seine Mitmenschen zum Beispiel *nicht* mit extravaganten gestylten und teuren oder neckischen Anzügen sowie Kleidern *provoziert*. Aus demselben Grund vermeidet er sexuell provozierende Kleidung, denn die seelische Projektion eines anderen Menschen vermag außerordentlich viel! Darum *bedeckt* sich der Sufi, so gut und so weit das eben geht.

Die Leichtigkeit der Kleidung muß darunter keineswegs leiden.

Die Eleganz wird gar gefördert durch diesen klassischen und *würdevollen* Stil.

# Die Arten der Bedeckung

Das Wichtigste an der Bedeckung ist: Der Mensch bewahrt die eigene *Intimität mit sich selbst.*

Er liefert sich nicht »unbedeckt« aus. Die Stimme seines Herzens »plaudert« nicht. Er hat das Recht sowie die Möglichkeit, bei sich zu bleiben. Ein jedes demonstrative Gehabe entfällt.

Für den Sufi (auf dem Weg), den Herzens-Erstreber, sollten *würdevoll* bedeckt sein:

das Haar,
alle sexuellen Körperteile.
Weite Kleidung ist empfehlenswert!
Das Herz braucht überdies Raum zur Entfaltung.
Die »sexuelle Musterung« fällt weg.

Das alles gilt als Empfehlung – für Menschen auf dem Weg, denn Sufitum ist kein System von Zwängen.

# Die Haar- und Kopfbedeckung

Es gibt drei Gründe, die ausschlaggebend dafür sind, daß der Sufi den Kopf beziehungsweise die Haare bedeckt:

1. An den Schläfen und der Fontanelle befinden sich jeweils *feinstoffliche Organe*, die der Sufi kunstvoll benützt.
2. Mit der Einheit der Bedeckung (Kopftuch, Mütze, Turban, Hut) wird die *Vielheit* der Haare bedeckt.
3. Die Kopfbedeckung schützt die *Aura* des Kopfes.

Es ist leicht nachzuvollziehen, wieviel Sicherheit uns ein Mantel gibt. Im Grunde erfüllt jede Kleidung diesen Zweck. Das fühlbar starke Nacktsein wird bedeckt, denn nackt zu sein heißt, daß das Herz heftiger pocht.

Bedeckt kann das Herz ruhiger schlagen!
*Auch das Herz möchte entspannt sein!*

# DIE ARTEN DER KOPF- UND HAARBEDECKUNG

Für den Sufi haben Haar- und Kopfbedeckung nicht die Funktion, vor Temperatur und Wetter zu schützen. Sie sind ein Ausdruck der Entwicklungsstufe des Herzens.

Die jeweiligen *Farben* wählt man nach ihrer Bedeutung:

> *Weiß:* Anfang, Einfachheit, Gesetzestreue, Unschuld.
> *Schwarz:* Entwordenheit, Gestorbenheit, Ergebenheit und Erduldung.
> *Rot:* Stärke, Beherrschung und Fülle.
> *Grün:* Weisheit und Wirklichkeit.
> *Grau:* Integration.
> *Violett:* versinnbildlicht Erlösung und (göttliche) »Stimme«.

So ist in der Farbe ein Symbol!

Hier nun die Arten der Sufi-Kopfbedeckung:

1. Das *Kopftuch* für Männer und Frauen.
   Es ist der beste Schutz im Zustand der Sublimität.
   Es ist vor allem nach Tagen der Einkehr vonnöten.
2. Die »Krone« oder *Mütze* – für Männer.
   Sie gilt als Schmuck und Zeichen des Herzens. sie muß bis zum Schläfen-Ring (das Band um den

Kopf, das die Seele festhält) herunterragen, damit sie ihren Zweck erfüllt.

3. Der *Filzhut* für Männer.

Er gilt als Grab- und Herzens-Zeichen. Der Filz ist nahtlos, wie auch ein Sufi sein sollte. Seine Höhe entspricht der geistigen Größe des Herzens. Sie ist ein Sinnbild der Arbeit am Herzen.

4. Der *Turban* für Männer.

Von Goethe stammt das Wort:

*»Der Turban erst, der besser schmückt als alle Kaiserkronen ...«*

Die Sufis nennen den Turban »Vollendung«. Er ist das Leichentuch und gemahnt an den Tod. Er soll zugleich das Herz erweichen und binden. Er legt die Würde des Mannes würdevoll bloß. Seine Länge entspricht der *Weite* des Herzens. Engherzigkeit versetzt er einen »tödlichen« Stoß ...

# DER SUFI-DERWISCH-MANTEL

Das freie und doch geschützte Herz wird vom Mantel versinnbildlicht.

Es ist ein Mantel *ohne*
Knöpfe
Löcher
Gürtel
Schnallen.

Ein Sufi trägt den Mantel offen, auf daß das Bedeckte zum Vorscheinen kommt.

Der Mantel ist nur mit einem Tuch zusammenzubinden, das sich leicht und einfach lösen läßt. Die Form ist bei einem Sufi nur leicht und locker übergelegt. Je nach Bedarf mag sie verschwinden ...

# DIE HERZENS-PANTINEN

Als »*deren Herzen weich geworden sind*« – so werden die Sufis bezeichnet. Geschmeidigkeit des Herzens – das ist Ergebnis ihres Weges.

Auch das »Fußfassen« und Gehen wird bei den Sufis vom Herzen bestimmt. Sanftmut tut auch den Füßen gut, denn auch Füße können fühlen.

Üblicherweise sind die Füße auch zu Hause in feste Formen eingezwängt: in Pantoffeln und Pantinen.

Bei den Sufis sind dagegen die eigenartigsten Schuh-Häute zu finden: ein regelrechtes Schuh-Kleid, das sich, wie ein Herz, an die Füße des Derwischs anschmiegt. Es sind die sogenannten »houfs«, die sich jeder Bewegung des Fußes anschmiegen.

Das Herz darf sich »räuspern« und strecken.

# AUCH MÄNNER TRAGEN KLEIDER

Die Hose gilt als von den Derwischen erfunden.
Wenn man so will: um besser zu »tanzen«. Ansonsten tragen auch Männer ein Kleid.

Es umhüllt in einem Stück.
Es macht den Mann ein Stück weiblicher.
Auf den weiblichen Aspekt – die innere Schönheit
– verzichtet ein Sufi / Derwisch nicht.
Diese Schönheit krönt die Majestät.
*»Gott liebt die Schönheit und ist schön.«*

Auch weite Blousons trägt ein Sufi gerne. Die Farbe
weiß wird dabei bevorzugt. Wenn Hosen getragen
werden, dann weite. – So weit wie die Herzens-Welt
des Derwischs und Sufis.

# DES SUFIS PERLENKETTE

Sie ist des Sufi / Derwischs *Schmuck*: die »tesbeh«
(wörtlich: »Lobpreisung«) oder Perlenkette. Sie
dient der Göttlichkeits-*Erinnerung*.
Mit ihrer Hilfe rezitiert der Sufi die »göttlichen
Namen« als Litanei und Wiederholungen (siehe
auch die Seite 65).

Die Kette hat 3 × 3 = 99 Perlen.
Aus der hundertsten Perle der Kette erwächst der
Buchstabe »Alif« = »A«.
Er ist ein Symbol für die höchste göttliche Eigen-
schaft des Menschen, für die Einheit des Men-
schen mit Gott.

*Jede* Perle kündet von der Liebe Gottes zum Menschen. Und das Ergreifen einer jeden Perle durch den
Derwisch und Sufi ist zugleich ein Gedenken an die
Liebe zum Schöpfer.
Es ist ein »Liebes-Spiel«, wenn die Perlen durch
die eilfertigen Hände gleiten; zumal die »Perle«
selbst den »Schatz in der Tiefe des Herzens« symbolisiert.

# VI  Die Reinigung des Herzens

# DAS HERZ ALS ORGAN DER GEISTIGEN WANDLUNG

Für den Sufi ist das Herz das Organ, durch das die Transformation des Menschen geschieht: vom »sprechenden Tier« zum »göttlichen, vollkommenen Menschen«. So sagt eine Sufi-Weisheit:

*»Nicht die Augen, sondern die Herzen*
*sind blind.«*

Das bedeutet, daß das Herz unentdeckt geblieben ist. Die Herzens-Politur, die Ausschöpfung des Herzens fehlt. Das Herz ist als Sinnes- und Lebensorgan zentral. Und jene, die nicht »*Herzen haben*«, sind sufisch gesehen keine (entwickelten) Menschen.
Darum gilt es, dorthin aufzubrechen und den wirklichen Sinn des königlichen Herzens *in sich selbst* zu entdecken!

# DIE SUFI-POLITUR DES HERZENS

*»Es gibt eine Politur für einen jeden Rost. Und die Politur des Herzens ist die Erinnerung Gottes«,*

– so heißt ein prophetischer Ausspruch.

Das Herz des Menschen ist verschleiert. Mißbrauch und Nichtgebrauch haben es unzugänglich gemacht. Das kulturelle Lernen führt weit vom Herzen weg.

Die Übung des Herzens ist *die* Sufi-Methode schlechthin.
Das Herz wird systematisch angeregt.
Die Göttlichkeit des Herzens, der Herzens-Ursprung wird erinnert.
Das Herz wird wieder schöpferisch gemacht.

Der Sufi will im Herzen die »Leiter« zur höchsten Göttlichkeit »erklimmen«.
*Erinnerung* an Gott ist das, was methodisch auf die Wiederbelebung der göttlichen Eigenschaften des einzelnen zielt. Sei es (zum Beispiel):
Die Schönheit, Majestät; die Feinheit, Wahrheit, Stärke, Milde; die Liebe und Barmherzigkeit; Erhabenheit und Friede.
All das und viel mehr wird auf dem Sufi-Wege wieder *entdeckt*. Jedwedes »verschüttete« Leben – und vor allem die Liebe! – wird systematisch aufgedeckt.

# Der sufische Sikr

Die Göttlichkeits-Erinnerung heißt bei den Sufis
»*Sikr*«. Der Sikr wird systematisch geübt. Ohne Sikr
gibt es keinen Weg zu den tieferen Schichten. Ohne
Sikr gibt es keine Liebe, denn alle wahre Liebe ist
durch abgestandene Schichten überlagert. Beim Sikr
machen

der *Körper*
die *Zunge*
das *Herz*
die *Seele*
und die *Atmung*

mit, denn »*das Sikr ist größer [selbst] als das Gebet*«.
Gefühle und Gedanken sind beteiligt. Wenn nur
eines davon »bremst«, geschieht im Sinne einer Wirkung nichts.
Der Mensch *erinnert* sich ganz – oder gar nicht.
Wenn der Verstand dies »torpediert«, ist die Liebe
getrübt; und der Atem »unterdrückt« das Gefühl.
Aus diesem Grunde bewegt ein Sufi und Derwisch
sich *ganz* und nimmt alles auf die »Reise« seiner
Gottes-Erinnerung mit ...

# DIE RECHTE BESCHLEUNIGUNG FÜR DIE LIEBE, DAS LEBEN UND DIE GÖTTLICHKEIT

Die Lehre der Sufis besagt, daß »sieben Erden« sowie »sieben Himmel« ihre eigene »Geschwindigkeit« haben. Das Herz will in die höchsten Himmel ragen – während das Ich sein Streben »bremst«.

Der Unterschied zwischen diesen Geschwindigkeiten und zwischen den einzelnen »Teilen« des Menschen wird zum Herd von Unruhe.

Die Liebe zum Beispiel ist »schnell« und will sich nicht »einfangen« lassen, wohingegen der Verstand das Gefühl und die Liebe nur allzu gerne »kontrolliert«.

Die Sufi-Methode verlangt, alles der Geschwindigkeit der Liebe »anzupassen«: eine Beschleunigung ohne Grenzen! Nur in dieser »Rasanz« wird der Sufi-Aspirant – der Liebes-Reisende – zur Einheit.

# DIE SUFISCHEN ANRUFUNGS-FORMEN

Erinnerung ist Liebes-Akt – sofern man sich des Guten erinnert. Für einen Sufi ist das *Beste* Gott, da Gott Selbst der »Liebende« ist. In Sufi-Worten:

*Ya Wadudu*

Der »Sich-in-Liebe-Nähernde«

Sie erhalten hier Erlaubnis, diesen »Namen Gottes« – dieses »Mantra« – (die Sufis sagen: »Wasifa«)

täglich

100 mal oder 240 mal hintereinander

als Gottes-/Göttlichkeits-Erinnerung

laut oder
halblaut

aufzusagen.

Die Dauer dafür liegt bei Ihnen; die Mindestdauer jedoch liegt bei 40 Anrufungs-Tagen.

Der Körper bewegt sich dabei rhythmisch wie folgt:

1. zur rechten Seite hin nach vorn

2. zurück zur rechten Seite nach hinten

3. zur linken Seite nach vorn

4. zur linken Seite nach hinten

5. wieder zur rechten Seite nach vorn und so weiter.

# Die Waschung und Erfrischung

Das »A« und »O« der Sufi-»Technik« ist die rituelle Waschung. Sie klärt das Herz ein jedes Mal neu. Sie ist *vor* jedem Gebet und jeder Übung zu machen:

1. Der Wasserhahn wird aufgedreht.
2. Die Hände werden dreimal unter dem fließenden Wasser gegeneinander gerieben.
3. Die rechte Hand fängt Wasser auf, mit dem der Mund dreimal gespült wird. Gurgeln (und ähnliches) sollte unterlassen werden.
4. Die rechte Hand fängt Wasser auf und bringt es zur Nase.
5. Durch die Nase wird das Wasser hochgezogen. Dann wird das Wasser ausgeschneuzt.
   Zuerst durch das rechte Nasenloch, während der linke Daumen das linke Nasenloch verschließt.
   Jetzt folgt das rechte Nasenloch, wobei der linke Zeigefinger das rechte Nasenloch verschließt.
6. Es folgt nun die Waschung des ganzen Gesichts: dreimal mit beiden wasserführenden Händen.
7. Männer waschen sodann das Barthaar. Auch die Haarpartie darunter muß naß sein.
8. Der rechte Arm wird dann dreimal gewaschen: vom Handgelenk bis zum Ellenbogen.
9. Der linke Arm wird dreimal gewaschen: vom Handgelenk bis zum Ellenbogen.

10. Nun folgt ein einmaliges leichtes Abstreifen der nassen Hände über das Haar.
11. Dann das Abstreifen der nassen Hände an Hals und Nacken – einmal.

Hierfür werden die Handrücken verwendet, wie die Abbildung zeigt:

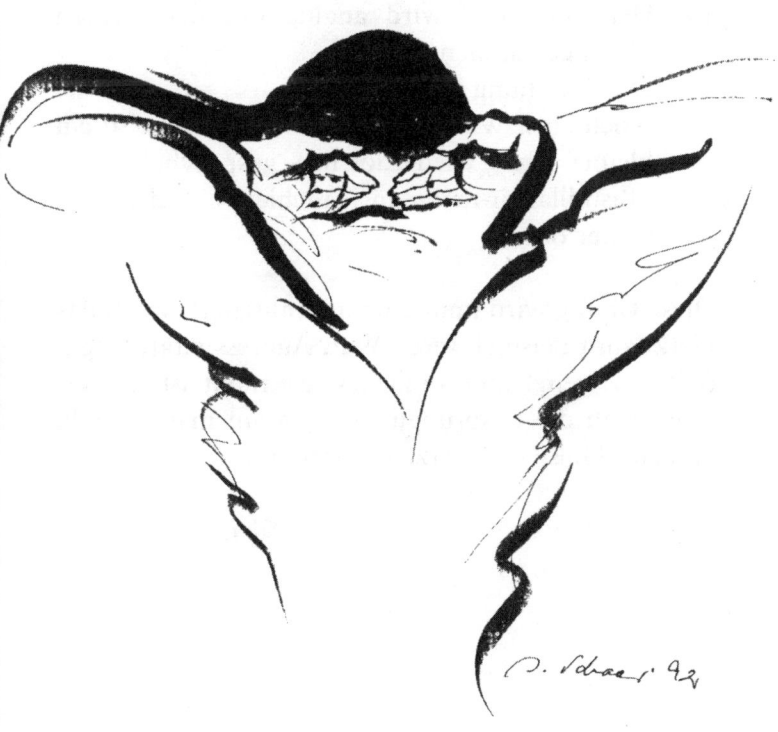

12. Es folgt die rituelle Reinigung der Ohren.
    Innen wie außen.
    Die Ohren werden *gleichzeitig* gewaschen.
    Die Zeigefinger gehen dabei *in* die Ohren,
    die Daumen streichen *hinter* die Ohren:
13. Der rechte Fuß wird unter das fließende Wasser
    gehalten. Er wird mit der linken Hand dreimal
    gewaschen; auch zwischen den Zehen und bis
    zum Knöchel.
14. Der linke Fuß wird analog mit der rechten
    Hand gewaschen.
15. Die Waschung ist beendet.
    Noch eins: Während dieser Waschung wird ein
    kleiner Satz – wiederholend – gesprochen:
    »Bismillah ir-rachman ir-rachiem« (Siehe auch
    weiter oben).

Diese Übung wird immer dann praktiziert, wenn das
Herz (zum Beispiel durch Wut, Aggressivität, Negativität, Zweifel und ähnliches) gekränkt ist, da das
Wasser an die Ursprünglichkeit, wenn man so will,
an den »Fluß« des Herzens erinnert.

# DER LIEBESTANZ DER SUFIS

Als »wirbelnde Tänzer« sind die Derwische und
Sufis bekannt. Ihr »Drehtanz« gilt als der »*vollkom-
menste Tanz*«. Man sieht die Derwische – sich drehend – den Meister umkreisen, wie ein Planet seine
Sonne umtanzt.

Die Bedeutung dieses Tanzes ist folgende:

Die Namen Gottes (seine Eigenschaften) »kreisen« um das Wesen Gottes.
Die erinnerten göttlichen Qualitäten sind nahe der
menschlichen Identität.
Die Einheit ist zum Greifen nahe!

Zu lieben heißt zu »strudeln«. Wie ein Sufi-Meister
es sagt: »*Um einen Punkt, den niemand versteht,
ewig zu kreisen*«.

Dieser »Punkt« ist die Schöpfungs-»Verwirrung«
– »*hayrah*«.

Der »Tänzer« legt den Kopf zur rechten Seite, auf
daß das Herz sich öffnen kann!
Sodann dreht er sich links herum!
Und dreht sich, bei jedem Takt, um ein Viertel des
Kreises.
Er ruft dabei die Gottheit an.
»*Huu*« – »*Gott ist!*« ist dabei seine Lobpreisung
der Liebe.

Sich drehend und tanzend Gott näherzukommen –
das ist es, worum sich der Sufi-Tanz dreht; die Träg-
heit der Schöpfung überwinden; erlöst zu sein von
jeglicher Geschaffenheit; den Rausch der Liebe zu
verkünden.

Doch eine Warnung hier: Diese Übung darf nur
unter Beisein eines Sufi-Sheykhs – eines Meisters –
ausgeübt werden! Im schlimmsten Falle könnte die
Seele sonst nicht wiederkehren; und der Tanzende
stirbt ...

# ÜBEREIGNUNG UND ÜBERSCHREIBUNG

Zu Gott gewandt sprach Ali Al-Jamal von Fez, der Sufi:

*»Wenn Deine Liebe sich bewahrheiten sollte, dann ist – wahrlich – alles einfach.«*

Sich vom Komplizierten zu lösen, erleichtert das Lieben. Verstricktheit bindet den Haß.

Aus diesen Gründen sind die Sufis gewohnt, *alles* – selbst die Verantwortung für ihr Schicksal – dem Schöpfer ihrer selbst zurückzugeben.

Sie sagen:

*»Du bist der Starke«. »Doch ich, der Mensch, bin schwach.«*
*»Auch bist Du schön. Doch häßlich bin ich.«*
*»Dumm bin ich, wenn Du der Wissende bist.«*
*»[Selbst] der Erinnernde bist Du. Während der Mensch ein Vergeßlicher ist.«*

Alles, was man selbst sein muß, ist Last. Die Lasten gilt es »abzuwerfen«.

So überschreibt der Sufi sich Gott und übereignet ihm sein geliehenes Leben.

Diese Sufi-Lebensart steht allem Positivismus, aller Selbstzueignung, Selbstzuerkennung und Überheblichkeit bezüglich der eigenen Stellung entgegen, denn ein Sufi will etwas ganz anderes als das, was der oberflächliche Mensch mit seinem zugeschnürten Lächeln stolz und eitel »Liebe« nennt ...

Liebe im sufischen Sinne ist Herzens-*Ekstase* ...

# Sich einem Lehrer anvertrauen

»*Die Gemeinschaft der Liebenden unterscheidet sich von den anderen*« – das sagte ein Meister der Liebe.

Ein Meister ist der Geliebte, während die »Schüler« der Liebe die Liebenden sind, denn es steht geschrieben:

> »*Nicht Bücher enthalten die Heilung des Herzens. Welchselbes Heilung man nur bei Herzens-Meistern findet.*«

Der Meister enteignet den Schüler von allen jenen »Ketten«, die dieser sich selbst angelegt hat, vor allem: von den Ketten der Liebe.

Der Meister *löst* die Fesseln des Ichs.

Es ist ein Prozeß des sich Verlierens in ein Herz, das keinerlei persönliches Interesse an jedweder »Ausnutzung« hat.

Es sei denn dieses: Liebe und nochmals Liebe zu geben ...

## ALMOSEN GEBEN

Zu lieben heißt für den Sufi, sich selbst und anderen
»Almosen« geben. Ein Almosen ist:

Ein gutes, von Herzen kommendes Wort.
Eine kleine Geste vom Herzen.
Ein Wink des Verzeihens.
Den, der verstockt ist, zum Lächeln zu bringen.
*Küssen, Schmusen, Liebkosen* gehören auch dazu.
Auch: die Liebe zu lieben.
Und auch: geduldig bei der eigenen Geduld zu
verweilen, denn im *Weilen* entdeckt man die
Liebe.

Nur dem, der regelmäßig Almosen gibt, wird Gott
ein großes Herz gewähren. Und allein das ergibt
auch große Liebe.

## DAS GEBEN VON BESITZ
## ZUM ZWECK DER LIEBE

Besitz macht zwangsläufig besessen, bedeckt, belegt und verdrängt die Liebe, denn wahre Liebe bewirkt nur Geben. »Haben« indessen unterdrückt den Fluß der Liebe.

»Haben« blockiert die Bewegung!

Der »Schwung« der Liebe erstarrt wie hypnotisiert.

Aus diesem Grund wird im Sufismus ausschließlich das Geben empfohlen. Und jedes »Haben« wird (leicht) reglementiert. Zumindest in Form einer Empfehlung, da es Befehle oder dergleichen bei den Sufis nicht gibt, denn auch solches bedrängte die Liebe.

Das Beste am Besitzen ist, es leichten *Herzens* wegzugeben, damit sich das Liebesband löst.

# BEREUEN

Die Reue ist das »Lösungs-Bad« der Liebe. Alle »Verstocktheit« und »Beflecktheit« wird entfernt.

Die Reue ist bei den Sufis tägliche Pflicht.

*Mindestens siebzig- oder hundertmal am Tag wird Gott um die Annahme der Reue gebeten.*

Bereuen heißt für den Sufi: zu erkennen, sich selber verloren zu haben!

Man kann auch sagen: von sich selber »fremdgegangen«, durch sich selber entfremdet worden zu sein!

Bereuen heißt: die Unbedachtsamkeit zu tilgen!

*Zur Identität zurückzukehren.*

Für den, der das will, sei hier die Sufi-Formel des Bereuens gegeben:

Siebzig- oder hundertmal täglich:

*»Verzeih uns Gott«* –
*»Astarch-firullah«*

# Verzichten

Die Liebe besteht daraus, weniger zu werden. Immer weniger zu haben – und stattdessen mehr zu *sein*.
Der große Dichter Rumi sagte:

*»[Nur ] das Wissen des Herzens ist ein Freund.«*

Anderes Wissen türmt sich zu Lasten. Nur was der Mensch im Herzen trägt, ist angenehm zu tragen. Nur der Besitz des Herzens macht frei.
Der Liebes-Weg besteht darin, sich zu *begnügen*, sich mit dem Höchsten und dem Besten zu begnügen.
Da wahrlich *nichts* größer ist als die Liebe und das Leben.
Der Sufi (auf dem spirituellen Weg) will sich nicht mit weniger als dem Besten und Höchsten des Lebens begnügen, da er am *ungenügsamsten* ist.
Auf Niederes kann er gerne verzichten, mag auch die Menge danach »grapschen«, doch alles *Wichtige* verlangt er *konsequent*!

Verzichten bedeutet für den Sufi:
Alles Nebensächliche zugunsten des Wesentlichen beiseite zu lassen.
Alle Störung zu negieren.
Auf dem Fest der Liebe Tag und Nacht zu »tanzen« ...

# VII  DES SUFIS HERZENS-HÖFLICHKEIT

# ÜBER LIEBE UND FORM

Des Sufis Liebe ist Legende. Doch seine Höflichkeit auch: die Sufi-Form des liebenden Handelns, denn Liebe besteht auch aus Form.

Äußere Formen indes verschwinden, weshalb der Sufi Rumi uns ermahnt:

> *Du solltest auf die Liebe zu äußeren Formen verzichten!*
> *Da von äußerem Gesicht*
> *und äußerer Form*
> *deine Liebe nicht abhängig ist.*«

> *Warum verwirfst du [eines Tages] die Form, die dich in Liebe versetzte?*«

Es folgt hieraus die wichtigste Lehre:

Die Formen nicht zu lieben, doch *durch* die Formen der Liebe zu wirken.

Der Kanon der Formen der Liebe heißt bei den Sufis *adab*. Dies ist die feinste Lebensart. Kultische Eleganz, um das Herz zu verwöhnen. Rituell – und als Kunst – aus dem Herzen zu leben. Das Herz zum »Dirigenten« des förmlichen Tuns zu erheben. Die Herzens-Meisterschaft zu pflegen. Mit jeder Tat und durch jedes Tun Herzens-Winke zu geben.

Über all dieser sufischen Höflichkeit steht:

> *Das Herz ist perfekt!*«

# DAS SINNBILD DER ROSE

Die Schönste der Schönheit – trotz Stacheln und Dornen: das ist die Königin der Blumen. Möge sie Ihnen als Lehrerin dienen mit dem Hinweis: Trotz mancher Fehler und Schwächen *noch* die schönste »Höflichkeits-Blüte« zu zeigen!

Zur Erinnerung für Sie:
Stellen Sie eine frische (rote oder gelbe) Rose auf Ihren Schreib- oder Arbeitstisch vor sich.
Erneuern Sie sie, sobald sie alt geworden ist.
Werden Sie selber zur »Rose« ...

# DIE LIEBE IST »UNTER DEN FÜSSEN DER MÜTTER« ZU FINDEN

Die Liebe ist ein Wechselspiel. Sie ist ein »Echo« auf uns selbst. Wir lieben, um geliebt zu werden. Je mehr wir lieben, desto mehr an Liebe kehrt wieder.

Die sufische Lehre besagt:

*»Das Paradies ist unter den Füßen der Mütter zu finden.«*

Dort wird der Selbst-Haß ausgeräumt. Sich dem ermahnenden, richtenden »Wesen« hingeben; die Rebellion aufgeben; die eigene Herkunft anerkennen. Die göttliche Weisheit nicht mehr durch *Besserwisserei* zu stören.

Das ist die höchste Form aller Höflichkeit!

Das ist das Tal der Liebe und Milde.

Das sind: *die Formen der Ergebenheit.*

Es ist *für den Sufi ein Muß*:

den Stolz, die Arroganz zu überwinden ...

# SIEBZIG ENTSCHULDIGUNGEN FINDEN

Ein großer Sufi-Alchimist war es, der die Empfehlung gab,

> siebzig ernsthafte Entschuldigungen für jeden offensichtlichen Fehler von Brüdern und Schwestern zu finden –
> immer das Herz zum anderen hin – nicht von ihm fort – zu wenden –
> Wenn trotz dieser siebzig Entschuldigungen noch immer die Meinung besteht, der andere sei schuld,
> ... sich selbst alle Schuld zu geben.

Ein solches Tun ist *wahres* Sufitum.

# FÜR ANDERE UM VERZEIHUNG BITTEN

Zum guten Sufi-Sein gehört, für andere bei Gott um Verzeihung zu bitten, denn die Menschen sind in Wirklichkeit *eins.*

*Wer anderen hilft, der hilft sich selbst.*

Hierdurch ließe sich das Wesen eines Sufis treffend bestimmen.

Dieser Liebes-Imperativ ist das allerbeste Antidot, das Gegengift gegen die ichhaften Gifte: mehr noch als nur durch Mitgefühl – aus *Einssein* mit allen Menschen zu handeln.

# GESCHENKE ÜBERBRINGEN

Zur Pflege der Liebe gehört, Geschenke mitzubringen, denn:

*»Geschenke, die Freunde sich machen,*
*sind nichts denn Hinweis und Zeichen!*
*Äußerlich ein Zeugnis von der im*
*Herzen verborgenen Liebe zu geben ...«*

Machen Sie das Geschenke-Bringen zu Ihrer persönlichen Regel.

Gönnen Sie Ihrem Herzen – trotz aller Verstandeseinwände – vor Freude am Schenken ein wenig zu »hüpfen«.

Schenken Sie Ihren Brüdern, Schwestern oder Freunden etwas Gutes zum Essen – einige Früchte.

Vor allem jedoch: Seien Sie bemüht, durch Ihren Besuch einen förderlichen, positiven Zustand zu überbringen.

Was umgekehrt heißt: Kehren Sie, wenn es nur geht, niemals mit schlechter Laune in Ihrer Freunde Häuser ein!

# DER LIEBESTAUSCH IM UNSICHTBAREN

Das Herz ist dem Sufi ein »Heiligtum«. Es ist sein »Schatz« sowie seine »Sendestation«. Doch die Sprache des Herzens muß jeder Mensch lernen.

Der Sufi liebt das Herzens-Gespräch, denn die Zunge des »Ichs« sagt häufig nur Böses.

Die Zunge *und* das Herz – sie können nicht gleichzeitig reden.

Ergreift das Herz das Wort, muß jede Zunge schweigen!
Als Test, um die Sprache der Zunge zu meiden, gilt:
nur das Gute zu sagen,
über das Schlechte zu schweigen
und zum Erlaubten aufzufordern.

Der Seele wird derweil geboten,
sich auch des (guten) Ratschlags zu schämen!
So daß die Höflichkeit
die Zunge,
das Herz,
die Seele
betrifft.

Jedes menschliche Vermögen erhält im Sufitum *die* Art der Höflichkeit, die ihm – zum Nutzen der Liebe

– am besten entspricht. Nur so kann der Austausch von Liebe im Unsichtbaren gelingen. Was bedeutet, daß das Herz zum Herzen ungestört spricht.

# DIE HERZENS-EINKEHR

Gott, der Erhabene, spricht:

> *»Himmel und Berge umfassen Mich nicht.*
> *Doch das Herz meines gläubigen Dieners*
> *umfaßt Mich.«*

Welch unübertreffliche Stellung des Herzens!

Wer das Göttliche sucht, der kann nicht umhin, ins eigene Herz einzukehren; doch ein Sufi ist darauf bedacht, im Herzen auch des anderen zu leben – metaphorisch wie praktisch – als Erlebensprozeß.

Den »Laser« des Herzens auf andere Herzen zu richten. Sich »einzubrennen« ins andere Herz.

Wo andere die Liebe als Leibes-Vereinigung pflegen – da vereinigt der Sufi sein Herz.

*Wie* das, nach welchem Verfahren dies geschieht, darüber kann diese Schrift kaum mehr Auskünfte geben. Doch daß das geschieht, wird im Sufitum garantiert.

*Entscheidend* ist dabei, den Umgang allein mit gereinigten Herzen zu pflegen.

Ein Meister-Herz muß dafür Ansprechpartner sein.

Mit diesem vollzieht sich die Herzens-Verzahnung.

# HERZENS-VERZAHNUNG

Das Herz wird *ausgelöscht* in einem anderen Herzen. Da ist die Alchimie der Herzens-*Verschmelzung*!

Methodisch vollzieht sich das wie folgt:

1. Der Herzens-Schüler konzentriert sein Herz auf das Bild seines Meisters.
   Ein Foto von diesem genügt.
   (Wer will, mag meines dafür nehmen! – Bis er zu »seinem« Meister findet. Siehe Buchrücken.)
2. Er sucht (in sich!) des Meisters Herz.
3. Er ist bemüht, die beiden Herzen zu verbinden.
   Zwei, drei Minuten genügen dafür.
4. Dann übt er halblaut oder laut diesen sufischen Sikr (siehe auch Seite 105):
   »Keine Gottheit, es sei denn Allah«
   »*La ilaha illa ›Llah*«
5. Der Körper »tanzt« derweil rhythmisch mit.
   (Siehe auch das Kapitel »Die sufischen Anrufungsformen«)
6. Diese Übung dauert fünf Minuten.
7. Entspannen Sie sich danach – und werden sie *empfänglich*…

# EINS UND DERSELBE

*»Wohin das Auge blickt – da ist nur Er ...«* –
Für den Sufi ist alles DER EINE / DER SELBE.
Alles wird zu *eins* gemacht – ist erst das Herz der
Liebe erwacht.

Auch Du bist der Eine / Derselbe!
Desto mehr an Einheit – und Einssein –,
desto mehr wächst die Liebe.

Darum hier, zum Abschluß, noch diese kleine/große
Übung:

Betrachten Sie *alles*, was Sie je sehen, als ein und
dasselbe!
Versuchen Sie es, auch wenn es absurd zu sein
scheint.
Denn: wie ein Sufi-Ausspruch heißt:
*»Das Fremdeste ist uns das
Allernächste ...«*

Leser, die an der Sufi-Praxis interessiert sind, können sich an folgende Adressen wenden:

Institut für Sufi-Forschung und Sufi-Förderung
Im Klintwinkel 1, D–3307 Winnigstedt
Telefon 0 53 36 / 83 91

West-Östlicher Diwan e.V.
c/o Rebler, Hintergasse 5,
D–6277 Bad Camberg / Dombach
Telefon 0 64 34 / 80 65

Institut für Sufi-Forschung und Sufi-Förderung
Sektion Österreich, Oberleiten 13,
A–4881 Straß im Attergau

Verlag Hermann Bauer · Freiburg im Breisgau

Achim Eckert

**Das heilende Tao**

Gesund im Gleichgewicht der fünf Elemente

2. Auflage, 112 Seiten mit 35 s/w-Fotos
und 8 Zeichnungen, kartoniert
ISBN 3-7626-0365-0

Holz, Feuer, Erde, Metall und Wasser sind die fünf Elemente, deren Eigenschaften für den Taoismus unsere Lebenswirklichkeit ausmachen. Wer die Lehre von den fünf Elementen versteht, versteht sich und die Welt, denn die Wirkungen dieser kosmischen Kräfte bestimmen unser Leben. Ist das Verhältnis dieser Kräfte ausgeglichen, sind wir und die Natur gesund und in Harmonie.
Dieses Buch ist ein Ratgeber, der praktische Wege weist, wie Gesundheit durch das Tao des Heilens zu erreichen ist. Für den Bereich jedes einzelnen Elements hat der Autor Fragen entwickelt, die dem Leser als Checkliste für das eigene Befinden dienen. Eine ehrliche Beantwortung dieser Fragen verschafft Klarheit über den persönlichen Umgang mit den Energien der fünf Elemente und darüber, ob sie wirklich im Gleichgewicht sind oder nicht. In unserer von Streß und Angst geplagten Welt muß man nicht krank sein, um nicht ganz gesund zu sein. Einfache Übungen für Körper und Geist bieten jedem, der sich noch wohler fühlen oder gesund sein will, die Möglichkeit, alle fünf Energien in eine harmonische Ordnung zu bringen – für sich selbst und die Welt.

Verlag Hermann Bauer · Freiburg im Breisgau

Verlag Hermann Bauer · Freiburg im Breisgau

Ingrid Ramm-Bonwitt

**Mudras – Geheimsprache der Yogis**

283 Seiten, 10 Farbtafeln, 93 s/w-Abbildungen und 192
Zeichnungen, gebunden
ISBN 3-7626-0325-1

Mit seinen Händen drückt der indische Tänzer das Leben
des gesamten Universums aus. Die geheimnisvollen Fingerstellungen, die Mudras, verbinden den Meditierenden
mit der göttlichen Welt.
Die Autorin geht dem Symbolismus der Gesten vom vedi-
schen kosmischen Tanz über die buddhistische Philosophie
und tantrischen Praktiken bis hin zu esoterischen Sekten
in Japan nach. Im letzten Kapitel zeigt sie den Einfluß dieser geheimen Gesten auf die byzantinischen Mosaiken
und Ikonen und weist auf die Bedeutung des Gebärde-
tanzes im griechisch-römischen Kulturkreis hin.
Durch die zahlreichen Fingerstellungen, die in diesem
Buch abgebildet sind, kann der Leser die Geheimsprache
der Yogis deuten. 23 Mudras aus dem Hatha-Yoga er-
möglichen es dem Übenden, auch ohne Vorkenntnisse
positiv auf seinen Geist einzuwirken und sich in einen
bestimmten Bewußtseinszustand zu versetzen.

Verlag Hermann Bauer · Freiburg im Breisgau

# Die neuen Dimensionen
## des Bewußtseins

**esotera**
seit vier Jahrzehnten das führende
Magazin für Esoterik und Grenzwis-
senschaften: Jeden Monat auf 100
Seiten aktuelle Reportagen, Hinter-
grundberichte und Interviews über
**Neues Denken und Handeln**
Der Wertewandel zu einem erfüllteren,
sinnvollen Leben in einer neuen Zeit.
**Esoterische Lebenshilfen**
Uralte und hochmoderne Methoden,
sich von innen heraus grundlegend
positiv zu verändern.
**Ganzheitliche Gesundheit**
Das neue, höhere Verständnis von
Krankheit und den Wegen zur Heilung
- und vieles andere

Außerdem: ständig viele aktuelle
Kurzinformationen über
**Tatsachen die das Weltbild wandeln.**
Sachkundige Rezensionen in den
Rubriken **Bücher, Klangraum, Film
und Video** sowie **Alternative
Angebote.** Im **KURSBUCH** viele Seiten
Kleinanzeigen über einschlägige
**Veranstaltungen, Kurse und
Seminare** in Deutschland, Österreich,
der Schweiz und im ferneren Ausland.

**esotera** erscheint monatlich.
Probeheft **kostenlos** bei
Ihrem Buchhändler oder direkt vom
Verlag Hermann Bauer KG.,
Postf. 167, Kronenstr. 2, 7800 Freiburg